Jean Lorrain

La Mandragore

Trente-trois Illustrations de Marcel Pille
GRAVÉES PAR
DELOCHE, FLORIAN, LES DEUX FROMENT
ET JULIEN TINAYRE

PARIS
Édouard Pelletan, Éditeur
125, Boulevard Saint-Germain, 125

M D CCC XCIX

EXEMPLAIRE
IMPRIMÉ POUR
LE DÉPOT LÉGAL

La Mandragore

Jean Lorrain

La Mandragore

Trente-trois Illustrations de Marcel Pille
GRAVÉES PAR
DELOCHE, FLORIAN, LES DEUX FROMENT
ET JULIEN TINAYRE

PARIS
Édouard Pelletan, Éditeur
125, Boulevard Saint-Germain, 125

M D CCC XCIX

UAND on sut que la reine avait accouché d'une grenouille, ce fut une consternation à la cour; les dames du palais en demeurèrent muettes et l'on ne s'aborda plus dans les hauts vestibules qu'avec des bouches cousues et des regards navrés qui en disaient long; le maître-mire, qui avait procédé à cette belle opération, ne put prendre sur lui d'en porter la nouvelle au roi; il gagna prestement la campagne par une poterne des communs et ne reparut plus; quant à la reine, à la vue du monstrillon issu de ses entrailles, elle était tombée en syncope.

Quand elle en sortit, ce fut pour voir le roi à son chevet, le sourcil froncé et plus effrayant dans son silence qu'au beau milieu de la mêlée quand il écrasait, en tête de ses troupes, les mécréants enturbannés d'Égypte et de Syrie, tous pillards, paillards et païens; son aspect était si terrible que la pauvre reine faillit s'évanouir encore, mais elle commanda à ses sens, vu qu'il y allait de son salut.

— « Vous avez fait là un beau coup, madame, dit-il en la regardant jusqu'au fond de l'âme; c'est la première fois qu'on voit des grenouilles dans ma lignée; il faut que vous soyez ensorcelée, à moins que vous n'ayez dormi d'un sommeil bien profond au bord de quelque étang; en ce cas, il y va de la question pour tous les gardes du château chargés de veiller sur votre personne, et aussi pour quelques autres. »

Et il la tenailla, cette fois, d'un regard si cruel que la pauvre reine défaillit tout à trac au milieu de son sang.

Ce que voyant, il sortit à pas lents de la chambre royale, trouvant qu'il en avait assez dit.

Cinq ans auparavant, la reine lui avait donné un beau petit prince, séduisant comme père et mère, car la reine Godelive était une des plus merveilleuses créatures de ce temps et ils formaient, à eux deux, le plus beau couple royal des monarchies régnantes. Aussi cette grenouille à gros ventre et à cuisses grêles, survenant tout à coup au milieu de la famille, jetait-elle un grand froid dans l'âme du roi Luitprand, et bien heureuse dut s'estimer la reine d'avoir donné cinq ans auparavant naissance à un si adorable dauphin. Ce fils, dont le roi raffolait, était d'ailleurs vicieux comme un cheval borgne ; il faisait l'effroi de ses gouvernantes dont il engluait les cheveux avec de la poix, à moins qu'il ne clouât sournoisement l'ourlet de leur robe au plancher; il n'aimait que plaies et bosses, et son plus grand plaisir était de crucifier des chauves-souris vivantes aux vantaux des portes ou bien encore d'asseoir de pauvres petits singes au cul pelé sur les fourneaux brûlants des cuisines.

Cet enfant promettait déjà d'être un grand brûleur d'hérétiques plus tard.

En faveur de ce charmant dauphin, le roi voulut bien pardonner à la reine, mais il ordonna la mort immédiate de l'affreux monstrillon.

Quand la reine reprit ses esprits, ce fut pour apprendre l'horrible sentence ; elle l'accueillit d'un œil sec et sans trop de regrets, car elle était orgueilleuse de la beauté des siens et de la sienne plus encore, et sa vanité ulcérée ne pouvait se consoler d'avoir donné le jour à un monstre. Elle s'endormit donc vers le couvre-feu assez paisiblement, quand, au milieu de la nuit, elle fut réveillée par de légers vagissements. Un enfant pleurait dans la pièce voisine et une voix de vieille femme chantonnait une chanson de nourrice ; la reine sentit un vague pressentiment l'étreindre au cœur. Quoique encore bien faible, elle trouva la force de se traîner hors de son lit dans la haute pièce, entre ses femmes endormies, et de pousser la porte.

Au beau milieu d'une chambre très éclairée, la plus vieille des sages-femmes qui l'avaient assistée, se tenait assise auprès d'un berceau, tandis qu'aux murailles, des servantes sommeillaient accroupies. Dans le berceau, sous un béguin de soie blanche fleurdelysé de perles destiné à l'héritier royal, dormait, les

yeux grands ouverts, — des yeux énormes et somnambules, — la grenouille hallucinée ; ses deux petites pattes palmées tenaient sur sa poitrine un rameau de buis vert.

La vieille sage-femme le balançait doucement du pied et chevrotait sur un air très ancien ces mystérieuses paroles :

Les tiens te dédaignent
Et tu meurs d'amour,
Tes grands yeux qui saignent,
Riront-ils un jour ?

Chacun te croit laide,
Ma douce beauté,
Qu'eût faite adorable
Un peu de bonté.

Ton œil rond qui pleure
Les remplit d'effroi :
La vie est un leurre
Et le cœur a froid.

Les tiens te dédaignent
Et tu meurs d'amour,
Tes grands yeux qui saignent,
Riront-ils un jour ?

Et la grenouille avait ses prunelles d'or vernies de larmes !

La reine, qui la savait morte, poussa un grand cri et tomba raide.

Quand ses femmes accourues la rappelèrent à la vie, l'équivoque vision avait disparu : il n'y avait dans la pièce à côté ni berceau ni grenouille, les ordres du roi avaient été exécutés à la lettre, on avait écrasé la tête du monstre entre deux pierres et on avait jeté sa flasque dépouille dans les fossés du château.

La reine ne se remit jamais de ces couches ; elle demeura désormais étendue dans le clair-obscur de sa chambre, en proie à une étrange langueur.

Il y eut désormais comme une invisible présence auprès d'elle ; elle ne pouvait plus rester seule, il fallait toujours dans sa chambre des cires allumées et des suivantes en éveil : elles se relayaient d'heure en heure, terrifiées et muettes, lentement envoûtées par l'obsédant effarement de la reine ; et tout le château était hanté de frôlements funèbres et d'innommables rampements ; un vent de folie y soufflait ; quelque chose d'affreux y rôdait né de l'angoisse hallucinée de Godelive. Parfois, elle se levait toute droite de sa chaise en poussant un grand cri, puis retombait, la sueur aux tempes, inerte ; la nuit, d'équivoques cauchemars la visitaient.

Tantôt elle se voyait répudiée par le roi et traversant à pas lents les rues désertes

La Mandragore

de sa ville, seule, abandonnée de tous et tenant par la main l'insidieuse grenouille déjà grande et vêtue comme une petite princesse ; car dans tous ses rêves la grenouille était toujours là auprès d'elle et bien vivante, et dans ses rêves son horreur pour le monstre diminuait de jour en jour : ses gros yeux cerclés d'or avaient des prunelles si humaines, sa petite patte gluante et fraîche s'accrochait si tendrement à sa main ! D'autres fois, elle se voyait transportée par des nuits sans lune et chaudes au milieu de plaines sinistres, où ondulaient des herbes pâles au pied de hauts gibets ; alors un grand lévrier noir la suivait. Elle errait, pleine d'inquiétude, sous les lourds madriers des potences, une pestilence de charogne pesait dans l'atmosphère, et par la nuit sulfureuse rayée de lueurs d'orage, des vertèbres phosphorescentes transparaissaient ; la grenouille s'était évanouie, et elle, reine exilée et déchue, rôdait, comme une louve, au pied des bois de justice pour y surprendre et déterrer l'effroyable racine qui croît au milieu des charniers : la mandragore, la racine obscène et velue, dont les fibrilles affectent la forme de membres grêles et tors écarquillés autour d'une tête de gnome, si l'on peut appeler gnome un ventre

ballonné au
sexe infâme et béant....

Et elle, Godelive, la reine répudiée du trône de Thuringe et la fille des rois de Courlande, elle, la reine très catholique et très chrétienne, errait à minuit dans ces solitudes, au milieu de ces mornes plaines, et l'œil aiguisé, anxieuse, s'arrêtait au pied de chaque potence où parfois quelque chose de tiède, comme une larme de cire, mais étrangement puante, lui tombait sur la joue.... Et les hautes herbes blêmes, blêmes comme des os de mort, bruissaient doucement autour d'elle, si doucement qu'on eût dit des voix lointaines ou quelque obscur vagissement.... Et des pieds de pendus se profilaient déchiquetés et noirs au niveau de ses tempes; parfois un gros orteil mou l'effleurait, l'odeur alors montait plus forte, et des battements d'ailes l'accueillaient dans la nuit, d'oiseaux de proie effarés qu'elle avait réveillés en passant.... Et Godelive continuait d'errer au milieu du charnier et de ses pestilences, exténuée, défaillante mais hallucinée par son idée fixe et ranimée de minute en minute par l'affreux espoir qu'elle avait au cœur; et de sa main fébrile, elle cherchait le lévrier noir qui marchait dans son ombre et se rassurait en lui flattant les côtes ; il était auprès d'elle, inquiet et flaireur, attiré comme elle au pied des gibets par l'horrible odeur, et parfois un bruit sourd de mâchoire avertissait la reine que le chien avait trouvé, lui, ce qu'il cherchait.

Et elle, qui n'avait pas trouvé, poursuivait sa ronde d'agonie sous la fétide rosée dégouttant des potences, au milieu des herbes chuchoteuses, comme des plaintes d'enfant.

Et la reine, à travers l'oppression de son rêve, se souvenait, très lucide, quels rites atroces la kabbale impose à qui veut s'emparer de la racine magique : attacher un chien vivant à une des fibres de la plante maudite et, tandis que l'animal garrotté se débat, déracinant à chaque mouvement un peu de l'herbe convoitée, le guetter sournoisement dans l'ombre pour, la mandragore à peine hors de terre, se précipiter sur la bête haletante et l'étriper à coups de couteau. La vie de l'animal égorgé passe alors dans la racine hideuse et l'anime du souffle nécessaire aux promptes et sûres incantations.

Et la reine s'éveillait, toute baignée de sueur

froide, sachant parfaitement pourquoi un lévrier noir la suivait.

Maintenant d'ailleurs, elle s'entourait de mages et de nécromans; un invincible attrait la poussait vers les sciences occultes; on eût dit qu'elle voulait se délivrer d'un charme, qu'elle avait hâte de rompre le cercle étouffant d'un sort. Mais, loin de la guérir, toutes ces consultations ténébreuses exaspéraient son mal; sa curiosité de savoir s'aiguisait fiévreuse et morbide, et rien ne la satisfaisait plus; le Mauvais, maintenant qu'elle s'était à demi donnée à lui, se refusait à son désir, et la grenouille l'obsédait toujours.

Un autre cauchemar la tourmentait aussi : il lui semblait qu'elle vivait, retirée depuis des années déjà, au milieu des bois, au fond d'un mélancolique manoir; le peuple et le roi l'avaient oubliée et, dans sa solitude fleurie d'aubépine en avril et de neige l'hiver, elle menait une existence effacée et quasi heureuse en compagnie de la grenouille attentionnée et tendre comme la plus douce des filles. Elle avait fini par se faire à sa repoussante laideur. Dans sa haute chambre toute tendue de vieilles tapisseries et quelque peu obscure, elle vivait là, sans se plaindre, avec le monstre au regard presque humain, tou-

jours coquette-
ment couronné
de margue-
rites des prés
et dont la pe-
tite patte vis-
queuse avait
pris à la
longue des
douceurs
infinies ; sa
honte d'avoir
pu engendrer
une si mons-
trueuse créature
avec les années s'était
atténuée et, les jours de soleil, il lui arri-
vait d'aller se promener avec la pauvre
bête dans les prairies et d'y prendre parfois
plaisir.

Au cours d'une de ces radieuses prome-
nades, comme elles s'étaient engagées dans
un bois tout neigeux de pommiers et d'aman-

diers en fleurs, en débusquant dans une clairière, elles tombèrent toutes les deux sur un cortège de femmes nobles et de paysannes se rendant toutes en habits de fête à la chapelle d'un monastère voisin. C'étaient toutes d'heureuses mères ou de fortunées aïeules conduisant leur progéniture à la bénédiction du Seigneur ; car toutes tenaient par la main quelque joli enfant aux longs cheveux couronnés de roses ; quelques-unes avaient même, pendus après leurs robes, trois ou quatre marmots, filles ou garçons au teint d'aurore, aux yeux rieurs.

A la vue de ces femmes, le cœur de la reine se fendit, mais moins de douleur que de honte ; elle rougit de tout son être de la piteuse grenouille enguirlandée qui sautelait sur ses pas ; brusquement elle l'attira contre elle et la couvrit de son manteau ; son instinct la dérobait aux regards. Une soudaine détresse l'avertit en même temps d'un immense malheur ; moitié par honte, moitié par épouvante, elle tint quand même le manteau

La Mandragore

refermé sur elle. Quand le cortège eut passé, la grenouille n'y était plus, mais une large tache de sang en souillait la doublure : son incurable orgueil avait tué sa fille une seconde fois.

Et ce cauchemar attristait d'autant plus sa vie qu'il se mêlait maintenant et bien étrangement à la réalité. Elle avait quitté la cour et, quasi répudiée par le roi, à la fin alarmé d'une reine aux grossesses bestiales et plus préoccupée de magie que de messe, elle avait dû céder la place à une maîtresse moins périlleuse et plus jeune, et, à demi condamnée par l'opinion du peuple et celle du clergé, elle vivait désormais dans un petit fief royal situé à la frontière.

Elle y vieillit solitaire, visitée de loin en loin par son fils, le joli enfant aux yeux déjà cruels, devenu maintenant jeune homme; il vivait mal avec son père, conspirait sourdement et venait une ou deux fois l'an passer vingt-quatre heures près de la reine exilée, moins par respect filial que pour irriter la mauvaise humeur du roi; ces rares entrevues entre le prince Rotterick et la reine Godelive avaient le don d'exaspérer jusqu'à la mâle rage le vieux roi Luitprand.

La reine d'ailleurs s'était désaccoutumée de faire bon accueil à un fils dont chaque visite avait été suivie du départ d'une de ses suivantes, car ce prince Rotterick était aussi débauché que féroce; il aimait le mal pour le mal, se plaisant à la souffrance des corps comme à la douleur des âmes; il aimait surtout corrompre, et, servi par la merveilleuse beauté qu'il tenait de sa mère, il s'attaquait lâchement, sûr qu'il était de vaincre, à toutes les candeurs et toutes les pudeurs qu'il rencontrait sur son chemin; à la cour, c'étaient les dames du palais; à la ville, les filles de bourgeois; aux champs, les gardeuses d'oies

et les lavandières; chez sa mère c'étaient les suivantes.

La reine Godelive avait vu s'en aller une à une les quelques filles nobles demeurées fidèles à son malheur; grâce à ce fils elle en était réduite à se faire servir par des filles de bûcherons qu'elle décrassait tant bien que mal, quitte à les mettre sous clef et à verrouiller le gynécée quand le prince Rotterick était signalé par le guetteur. Le milan passé, la pauvre reine délivrait ses colombes et reprenait ses aiguilles et son rouet au milieu de ses femmes un peu désappointées.

Et c'était là sa vie, entre des manantes à l'imagination courte, à la conversation absente, plus ou moins adroitement affublées de la défroque de la maison royale, et de brusques irruptions de ce fils rare comme beaux jours et malfaisant comme grêle, dont chaque visite emplissait d'une bourrasque de menaces et de cris les vastes corridors, comme feutrés de silence, de ce château d'oubli. Et la solitude de la pauvre reine était grande.

Dans les premiers temps de son séjour, elle avait bien tenté de se distraire en s'adonnant à des pratiques magiques, mais privée du secours de ses astrologues ordinaires, bel et bien traqués et proscrits par un royal édit, elle avait tâtonné dans la ténèbre et abouti, comme résultat, à une personnelle expé-

rience qui l'en avait guérie à tout jamais.

Un soir de juin, une pauvresse équivoque s'était présentée à la poterne du château et là, d'un air mystérieux, les yeux flambants sous sa capuche, avait remis pour la reine un sac de grosse toile bizarrement scellé. « Si l'objet lui déplaît, avait ajouté la mendiante, la reine n'aura qu'à le faire remettre demain, à la nuit close, sur la troisième marche du calvaire de Riffauges, au carrefour des trois routes. S'il lui plaît au contraire et qu'elle le garde, c'est trois cents écus d'or qu'il faudra mettre à la même place, à la même heure demain ; mais en tout cas, objet ou argent dans ce même sac scellé ; le trésor se défend lui-même. »

La reine avait gardé l'objet : c'était une sorte de racine fibreuse et velue, affectant la forme d'un crapaud monstrueux ou d'un enfant mort-né ; elle avait en frémissant reconnu une mandragore, la mandragore que de précédents songes lui avaient révélée. L'âme d'un mort habitait cette racine, elle le savait de source certaine et connaissait tous les rites prescrits pour cultiver cette âme et la développer.

Dieu ou plutôt l'enfer lui rendait peut-être ainsi la présence réelle de la grenouille massacrée. Elle s'était donc livrée à la culture de la mandragore. Enfermée dans un bocal de verre sombre, la racine à forme humaine y flottait baignée dans un liquide sans nom ; une tête de mort ricanait auprès et un grand sablier retourné d'heure en heure y versait

La Mandragore

le filet continu de son sable ; après une semaine, l'huile du liquide était devenue une sorte de boue rougeâtre couleur de sang. La nuit, la reine se levait pour exposer le bocal aux rayons de la lune, et le jour elle le gardait soigneusement loin de la clarté du soleil, dans un réduit obscur dont elle portait toujours sur elle la clef. Deux fois par semaine, d'étranges mendiants lui apportaient des herbes cueillies dans la campagne, et de jour en jour la tête de la mandragore s'arrondissait, comme des yeux se creusaient dans sa surface plane, et de petites mains palmées palpitaient visiblement au bout de ses fibres hideuses : le charme opérait.

La nuit, la reine laissait la porte de sa

chambre ouverte pour l'écouter dormir, car, la nuit, la mandragore, pendant le jour inerte, s'animait et ronflait comme un homme. Ce fut durant une de ces nuits que la reine se débattit sous le plus effroyable cauchemar ; elle rêva qu'une grenouille invraisemblable, énorme, presque humaine de taille, se tenait accroupie sur sa poitrine et l'étouffait lentement de son poids ; elle sentait ses palmes glacées posées sur ses épaules et le froid de son ventre visqueux adhérent au sien. Le cauchemar dura des heures ;

elle ne s'éveilla qu'à l'aurore, mais le réveil valait le songe : la mandragore, toute gluante de son huile, s'était furtivement esquivée de son bocal et, blottie contre elle, l'étreignait de ses bras grêles, et sa bouche hideuse lui tètait un sein.

Elle n'avait fait qu'un cri et, terrifiée d'horreur, avait saisi par un pied la racine membrue et l'avait jetée éperdument par la fenêtre; elle était tombée en plein soleil dans l'eau miroitante des fossés. Le soir même, un enfant de paysan y était retrouvé noyé, ses petites mains liées dans la chevelure d'une racine inconnue dans le pays.

La reine, depuis lors, s'occupait de prières et jamais de magie. Ses épreuves pourtant n'étaient pas près de finir.

Un soir d'hiver, des cris et des torches, des rumeurs et des cliquetis d'armes à la porte du manoir.... C'est le prince Rotterick. Il demande le souper et le gîte pour lui et son escorte; mais, cette fois, son audace dépasse toutes les bornes; il porte en croupe, derrière lui, une ribaude dont la robe de brocart luit étrangement dans la nuit ; une ribaude, à moins que ce ne soit quelque fille enlevée et forcée, quelque proie de luxure pour laquelle il réclame alcôve tiède et souper fleuri. La reine, qui écoute son intendant lui rendre compte de la visite, en est toute blême dans sa haute stalle ; dehors, les chevaux s'ébrouent et les cavaliers s'impatientent. La reine, immobile et froide, ne peut se décider à donner l'ordre de lever la herse. « La fille est blessée et mourante ; elle a du sang partout, sur ses mains et sa robe ; c'est un cercueil et un suaire que demande le prince bien plus que des draps et un lit. » La reine s'est levée toute droite, elle a donné précipitamment les ordres, a descendu l'escalier du donjon, le cœur en grande angoisse, et vient d'entrer dans la salle basse. Le prince Rotterick y est déjà ; ses gens casqués, masqués et gantés de fer sont rangés le long de la muraille. Le prince s'incline légèrement devant sa mère et, lui montrant un amas

d'étoffes jeté en travers de la table : « Je l'ai trouvée, dit-il, crucifiée à un arbre ; elle est en danger de mort ; veuillez la secourir. »

Sur la table de chêne gît étendue la plus délicieuse créature, une blanche et grande jeune fille à l'épaisse crinière éparse, d'un noir d'encre ; ses bras, sa gorge et ses jambes sont nus ; le brocart de sa robe d'un vert glauque miroite et luit à la lueur des torches. Immobile, les dents serrées, elle roule autour d'elle des regards d'épouvante, elle tient entre ses doigts crispés des mèches de ses cheveux dont elle essaie de couvrir sa gorge, mais les paumes de ses deux tristes mains saignent, cruellement trouées, et la chair de ses pieds nus saigne aussi, transpercée douloureusement.

Toute la nuit, la reine la passa auprès de l'inconnue. Elle avait lavé et bandé ses plaies, installé ce pauvre corps meurtri dans son propre lit, et la blessée, les yeux tout grands ouverts, l'avait regardée sans mot dire, sans un remerciement. Toute la nuit, la crucifiée de la forêt la passa dans une attitude inquiétante et bizarre, repliée sur elle-même, moins étendue qu'accroupie au milieu des courtines, et pas une plainte, pas un sanglot ne s'exhalait de cette face tragique, et la reine finissait par avoir peur de cette muette dont les prunelles cerclées d'or se dilataient énormes, invraisemblablement lumineuses dans la chambre à peine éclairée; au-dessous, la promenade incessante du prince remplissait la nuit d'un bruit montant de pas. Des images affreuses se dressaient devant Godelive du fond de la tapisserie : c'étaient les personnages mêmes de haute lisse, damoiseaux corsetés de cuirasses et dames en hennins,  mais déformés et ramenés tous à des types de batraciens; et la reine se sentait sombrer dans la folie, rouler dans le vertige. Vers les quatre heures du matin, pourtant, elle s'endormit.

Quand elle se réveilla, il faisait grand jour, les rayons d'un rose soleil d'hiver, incendiant le vitrail, baignaient d'une clarté d'ambre le grand lit à colonnes où reposait l'inconnue;

mais à la place même où une femme avait souffert toute la nuit s'étalait une grenouille énorme, une grenouille presque humaine et d'autant plus monstrueuse, et cette grenouille était la jeune fille, car elle avait ses quatre pattes délicatement bandées de linge et, sous les paupières membraneuses de la bête, la reine reconnaissait les paupières cerclées d'or qui deux heures avant la terrorisaient, prunelles maintenant singulièrement attendries. Elle reconnaissait enfin la grenouille de ses rêves, celle qui l'obsédait et qu'elle regrettait à travers tout le long cauchemar de sa vie. Au même instant, le prince heurtait à la porte et demandait à être introduit.

La grenouille ensanglantée attachait sur la reine deux grands yeux suppliants, un tremblement d'effroi la secouait toute, et la reine, à travers la porte, ayant fait réponse au prince d'aller l'attendre en bas dans la salle d'armes, Rotterick y descendit en grommelant.

Là, devant tous les gens du prince assem-

blés et tous les servants du château, — quand la reine, remémorant toute l'histoire de sa vie, eut raconté et ses couches affreuses et les douloureux cauchemars de ses nuits, ceux de ses relevailles et ceux de son exil jusqu'à la sinistre et récente épreuve de la mandragore, comme tous gardaient le silence en proie à l'horreur, et que Rotterick, écumant de luxure, s'impatientait et ricanait, la reine, ayant fait à tous signe de la suivre, remontait à sa chambre, en ouvrait la porte grande et conduisait le prince auprès du lit.

Et Rotterick, étant entré, sentit ses cheveux se dresser sur sa tête, une sueur lourde perler à ses tempes; et Rotterick avait peur de comprendre, car il avait reconnu, lui aussi, la grenouille : il l'avait poursuivie et traquée à cheval; et par dérision et férocité, une fois la bête prise, c'était lui-même qui l'avait crucifiée à ce tronc de bouleau où le monstre martyr saignait depuis un an.

Et, dans la pourpre rouillée de la forêt d'Octobre, il revoyait le geste et l'inutile élan du monstre, quand parmi la fougère et la ronce, il l'avait fait cerner par ses chiens. Les rabatteurs avertis avaient pu, cette fois, entraîner la bête loin des étangs et, forcée par la meute, la grenouille saignante tentait vainement de grimper à un tronc d'arbre, quand, pareil à une trombe, Rotterick avait débouché dans la clairière, à la tête des siens.

Son alezan s'était arrêté net, et les bassets

La Mandragore

et les danois eux-mêmes n'osaient approcher, les babines retroussées sur les crocs, flaireurs et hésitant à mordre : la bête fluide et verte leur répugnait. Alors Rotterick l'avait fait saisir par ses hommes, étaler, pantelante, le long du bouleau et, tandis que les piqueurs donnaient du cor, il l'avait clouée lui-même à l'arbre avec quatre flèches de son carquois fichées dans l'écorce, le sang et les larmes.

Et c'était cette bête ensorcelée qu'il poursuivait aujourd'hui de son désir infâme, c'était cette princesse de marécage que convoitait sa luxure; il était de race maudite comme elle, comme elle sûrement envoûté par un horrible charme, puisqu'ils étaient tous deux sortis des mêmes entrailles, issus du même sang. Enveloppant alors du même regard haineux la grenouille et sa mère, il tirait son épée et, avec un rire sauvage, la lançait à travers la haute pièce sur le monstre saignant. La reine, avec un grand cri, s'était jetée au-devant du lit. L'épée traversait la chambre comme une lueur et allait s'engouffrer dans la haute verrière qui volait en éclats ; mais, en passant, le glaive avait touché la reine à l'épaule, et Godelive s'affaissait au pied du lit royal, sa robe teinte de sang.

Tous les assistants, éperdus d'horreur, avaient fui ; le prince, un moment demeuré seul devant ces deux corps pantelants, poussait tout à coup un grand cri et, tournoyant sur lui-même, allait butter du front contre la muraille, tâtonnait effaré, trouvait enfin la porte : il avait disparu.

Le château était maintenant désert, une panique l'avait vidé ; et sous le cintre des poternes et sous la voûte des porches, laissés béants sur la campagne, la neige, qui depuis le matin floconnait, muette et lente, s'amoncelait aux rinceaux des colonnettes de pierre, aux figures en relief des chapiteaux de piliers ; dans la haute chambre déjà crépusculaire les deux corps gisaient à l'abandon, mais tous les deux vivaient. Par le vitrail éventré, la neige du dehors pénétrait dans la pièce,

veloutant d'un duvet les courtines de soie toutes brillantes d'éclats de verre; et sous la fraîcheur de la neige la reine évanouie se ranimait peu à peu. Une petite main glacée serrait convulsivement la sienne et, dans la chambre obscure, où de l'ombre se tassait, la reine sentait peu à peu tiédir entre ses doigts crispés la petite main froide qui les serrait, la reine sentait pénétrer en elle une exquise douceur, mais elle gardait ses yeux clos et demeurait nonchalamment affaissée, et à cause de sa blessure, dont elle craignait de réveiller la souffrance, et à cause de cette petite main à l'humaine chaleur.

Et cela dura des heures ou des siècles, quand d'étranges petites voix lointaines, — non, plutôt étouffées, — la tirèrent doucement de sa torpeur; et ces voix disaient : « La princesse Ranaïde va mourir ». Et d'autres répondaient : « La reine Godelive est-elle pardonnée? » Et les voix reprenaient : « Le sang lave le sang. La souffrance absout, la douleur purifie. La neige est un doux linceul ». Puis d'autres voix, comme sorties de l'épaisseur des murs, disaient dans un étrange colloque, les unes après les autres : « C'est ainsi que l'orgueil d'une race s'expie. Le ciel hait les superbes. Le cœur des grands est dur. La pitié fleurit chez les humbles. Trop d'arrogance enfante les monstres; mais la neige est un doux linceul ». Et, comme en un refrain, toutes les voix reprenaient : « La princesse Ranaïde va mourir ». Et dans la nuit de ses paupières la reine sommeillante revoyait toute sa vie, comprenait maintenant le sens de ses cauchemars; c'est la vie même qu'elle eût vécue et menée avec sa fille. Si elle avait su la défendre au berceau contre la mort, quels crimes et quels malheurs n'eût-elle pas évités ! Mais des frôlements d'ailes vibraient doucement au-dessus de sa tête, des odeurs d'encens flottaient enivrantes, la caresse d'une petite main réchauffait la sienne, et la reine ne regrettait presque plus le passé.

Tout à coup des sons de cloches chantèrent dans la nuit, un flocon de neige plus gros vint se poser sur son visage, et la reine ouvrit les yeux en se rappelant soudain qu'on était à la veille de Noël; elle regarda curieusement autour d'elle. La chambre était

violemment éclairée; c'étaient partout des cierges et des cierges, et tous étaient tenus par des loups, des renards, jusqu'à des taupes et des belettes, toutes bêtes des forêts curieusement rangées autour d'elle. Çà et là, dans leurs rangs, une silhouette se dressait, de berger ou de bûcheron frileusement encapuchonné, et bêtes et gens marmottaient des prières, et la reine ne s'en étonna pas, sachant que les bêtes parlaient la nuit de Noël. Sur le lit, la délicieuse créature de la veille, la blanche princesse Ranaïde agonisait, le sourire aux lèvres; la tapisserie tendue à la muraille représentait maintenant la Nativité du Christ; par la porte ouverte, d'autres animaux arrivaient toujours.

La reine Godelive sentit deux larmes mouiller ses yeux secs; une petite main les essuya doucement; une voix d'enfant chuchota : « Ma mère ! »

On trouva le lendemain les deux femmes mortes.

Moine lisant le manuscrit de *La Mandragore*. . . 111
Gravure en trois couleurs de M. E. Froment fils.

Frontispice 3
Gravure en quatre couleurs de M. E. Froment fils.

L'on ne s'aborda plus dans les hauts vestibules qu'avec des bouches cousues. 9
Gravure de M. E. Froment fils.

Lettre ornée. — Nourrice tenant une grenouille . 9
Gravure en trois couleurs de E. Froment fils.

Le maître-mire gagna prestement la campagne. . . 10
Gravure de M. Deloche.

« Vous avez fait là un beau coup, madame... ». . . 11
Gravure de M. Deloche.

La Mandragore

Il faisait l'effroi de ses gouvernantes........ 13
Gravure de M. E. Florian.

La vieille sage-femme le balançait doucement... 15
Gravure de M. E. Froment fils.

Ferrure, et grenouille sur une feuille 16
Gravure en trois couleurs de M. E. Froment fils.

Les ordres du roi avaient été exécutés à la lettre.. 17
Gravure de M. Julien Tinayre.

Tantôt elle se voyait répudiée par le roi et traversant les rues désertes de la ville......... 19
Gravure hors texte de M. Froment père.

Et elle, reine exilée et déchue, rôdait comme une louve................ 22
Gravure de M. Froment père.

Et de sa main fébrile, elle cherchait le lévrier noir. 24
Gravure de M. E. Froment fils.

Maintenant elle s'entourait de mages et de nécromans.................. 25
Gravure de M. Julien Tinayre.

Dans sa haute chambre toute tendue de vieilles tapisseries................ 27
Gravure de M. E. Froment fils.

C'étaient toutes d'heureuses mères........ 28
Gravure hors texte de M. Deloche.

Quand le cortège eut passé, la grenouille n'y était plus, mais une large tache de sang....... 31
Gravure de M. Julien Tinayre.

La Mandragore

Chez sa mère c'étaient les suivantes. 33
Gravure de M. E. Froment fils.

Un soir de juin, une pauvresse équivoque. 35
Gravure de M. E. Froment fils.

Enfermée dans un bocal de verre, la racine à forme humaine. 37
Gravure de M. Deloche.

Et sa bouche hideuse lui tétait un sein. 38
Gravure de M. E. Froment fils.

Un soir d'hiver, des cris et des torches 41
Gravure hors texte de M. Julien Tinayre.

Sur la table de chêne gît étendue la plus délicieuse créature. 43
Gravure de M. E. Florian.

A la place même où une femme avait souffert s'étalait une grenouille. 45
Gravure de M. Julien Tinayre.

Là, devant tous les gens du prince assemblés. . . 47
Gravure de M. Deloche.

Alors Rotterick l'avait fait saisir par ses hommes . 49
Gravure de M. E. Froment fils.

Il tirait son épée et, avec un rire sauvage, la lançait à travers la haute pièce 50
Gravure de M. Julien Tinayre.

Par le vitrail éventré, la neige du dehors pénétrait. 52
Gravure de M. Deloche.

On était à la veille de Noël. 55
    Gravure de M. Deloche.

Cul-de-lampe. — Le tombeau de la reine et de sa
fille. 56
    Gravure de M. Julien Tinayre.

En-tête de la table des gravures. — Hérauts
d'armes. 59
    Gravure en trois couleurs de M. E. Froment fils.

Cul-de-lampe. — Nain dans des rinceaux empor-
tant le manuscrit de *La Mandragore*. 62
    Gravure en deux couleurs de M. E. Froment fils.

Les lettres et faux-titres décorés ont été gravés par M. E. Froment fils.

CETTE édition — tirée à 153 exemplaires numérotés à la presse, en chiffres arabes*, et 40 exemplaires de présent, en chiffres romains — a été achevée d'imprimer le 10 mai 1899, sur les presses à bras de Lahure, M. Ouivet étant prote des machines et MM. Marpon et Dupont pressiers.

L'Éditeur déclare rigoureusement exacts les chiffres de tirage énoncés ci-dessus, dont chaque exemplaire a été revêtu d'une remarque de sa main, certifiant son authenticité.

Les bois des gravures ont été distribués aux premiers souscripteurs des exemplaires sur grand papier, sauf un destiné au Musée des Arts Décoratifs.

---

* Se répartissant ainsi :
23 exemplaires in-4° dont 2 sur Whatman, 15 sur Japon ancien et 6 sur grand vélin d'Arches.
Et 130 exemplaires in-8° raisin, dont 20 sur Chine et 110 sur vélin du Marais filigrané KTHMA EΣ AEI.
Il a été tiré en outre :
12 collections sur Chine d'épreuves monochromes, et 16 collections d'épreuves d'artiste, dont 6 sur Japon ancien et 10 sur Chine.

www.ingramcontent.com/pod-product-compliance
Lightning Source LLC
LaVergne TN
LVHW022115080426
835511LV00007B/828